HENRI HEINE

EN COURS DE PUBLICATION

CHEZ LE MÊME LIBRAIRE.

MÉMOIRES DE NINON DE LENCLOS

PAR EUGÈNE DE MIRECOURT

60 livraisons à 25 centimes, avec gravures.
18 fr. l'ouvrage complet par la poste.

OUVRAGE TERMINÉ

CONFESSIONS DE MARION DELORME

PAR EUGÈNE DE MIRECOURT

60 livraisons à 25 centimes, avec gravures
18 fr. l'ouvrage complet par la poste.

PARIS. — IMP. SIMON RAÇON ET COMP., RUE D'ERFURTH, 1.

HENRI HEINE

Publié par G HAVARD

LES CONTEMPORAINS

HENRI HEINE

PAR

EUGÈNE DE MIRECOURT

PARIS

GUSTAVE HAVARD, ÉDITEUR

15, RUE GUÉNÉGAUD, 15

1856

CHRONIQUE DES CONTEMPORAINS

En cette année de grâce et d'apoplexie, chers lecteurs, peu s'en est fallu que nos adversaires ne fussent au comble de la joie.

Le *biographe* a vu de près la mort.

Notre pauvre ami Molé-Gentilhomme venait à peine de quitter ce monde, que nous avons failli le suivre. Jugez quelles clameurs d'allégresse auraient salué notre départ!

« C'est un châtiment du ciel ! » se se-
raient écriés d'aimables journalistes.

Nous gageons même qu'ils eussent im-
primé la phrase en toutes lettres, sans
l'ombre de vergogne. Heureusement la
Providence n'a pas cru devoir leur accor-
der ce magnifique triomphe... de style.

Compromise par l'excès du travail,
notre santé s'est rétablie par deux
mois de repos. Fort de notre droit et de
notre conscience, nous remontons sur la
brèche.

Vous espériez, messieurs, ne le cachez
pas, que la publication des *Contemporains*
serait interrompue.

Cela eût pleinement satisfait nombre de gens de lettres envieux.

Mais notre éditeur avait quatre volumes sous presse, juste de quoi remplir la la-cune. Voilà ce qui vous a déplu, et vous vous êtes unis pour accabler des enfants qui recevaient le jour pendant la maladie de leur père. Sachant que nous n'étions plus là pour les défendre, vous comptiez les étouffer au berceau.

— Sottise, messieurs, sottise!

L'aîné, dans une famille, protége au besoin le cadet. Soixante-quatre volumes sont là derrière les nouveau-nés. Ni vos injures ni vos insinuations perfides ne peu-

vent rien contre cette génération puissante
qui a pris racine dans le sol de la publi-
cité.

Que voulez-vous? c'est chose faite.

Plus vous déploierez d'animosité, plus
nous trouverons de sympathie. Toutes vos
attaques nous laissent debout, parce que
le bon sens public est notre égide.

Ainsi l'on ne croit pas M. de Rovigo, de
la *Chronique*, lorsqu'il parle d'un pré-
tendu revirement dans notre opinion sur
M. de Falloux. Un secrétaire, un cher-
cheur de notes (M. de Rovigo l'appelle
improprement un *ami* et plus improprement encore un *collaborateur*), n'a pu lui

signer, en notre nom, un brevet d'infail-
libilité.

Mais on nous croira lorsque nous affir-
merons que tous les renseignements pris
sur nos personnages, quelle que soit leur
source, et fussent-ils donnés par M. de
Rovigo lui même, restent soumis à notre
contrôle. Nous les admettons s'ils nous
paraissent véridiques; nous les repoussons
s'ils nous semblent faux ou passionnés.

On ne croit pas non plus à la candeur
du *Journal des Débats*, auquel nous avons
dit plus d'une vérité dure, lorsqu'il ouvre
ses colonnes à des réclamations intéressées.
Mais on nous croira si nous protestons

que MM. Barni, Vacherot et Despois peuvent venir frapper à notre porte et nous demander, afin d'éviter tout scandale, la preuve des anecdotes que nous racontons [1].

Enfin l'on ne croit pas M. Taxile Delord, le détracteur acharné de M. de Falloux, lorsque la rage de voir notre sentiment contraire au sien lui dicte contre nous, dans le *Siècle*, des articles pleins de malveillance et de mensonge. Cet écrivain charivarique, aux yeux des hommes sages, ne passera jamais pour un aristarque de bon aloi.

[1] A ce sujet, nous aurons à mettre en cause, dans notre prochain volume, la *Revue de Paris* et d'autres feuilles aussi peu estimables, qui nous font l'honneur de nous poursuivre de leur haine.

Paillasse est mal venu quand il veut endosser la robe de docteur ès lettres.

Allez, allez, pharisiens du journalisme ! Vos traits s'émoussent contre notre cuirasse. Rongez la lime, usez vos dents de couleuvre, et que Dieu vous donne, un jour, la conscience que vous n'avez jamais eue !

Paris, 4 novembre 1856.

EUGÈNE DE MIRECOURT.

Au moment où nous mettons sous presse, un commissaire de police arrive chez notre éditeur et saisit le 69ᵐᵉ volume de la collection, consacré à Gustave Planche. Nous attendons avec le plus grand calme l'issue de cet incompréhensible et nouveau procès.

HENRI HEINE

« Je confesse ouvertement et franche-
ment que tout ce qui a rapport, dans mon
livre *De l'Allemagne,* à la grande question
divine, est aussi faux qu'irréfléchi.

« Aussi irréfléchi que faux est le jugement que j'avais répété, d'après mes maî-
tres des différentes écoles philosophiques,
que le déisme, détruit en théorie par la

logique, ne subsiste plus.que piteusement
dans le domaine d'une foi agonisante.

« Non, il n'est pas vrai que la .critique
de la raison par Kant, qui a anéanti les
preuves de l'existence de Dieu, telles que
nous les connaissions depuis Anselme de
Cantorbéry, ait anéanti en même temps
l'idée même de Dieu. Le déisme vit ; il vit
de sa vie la plus véritable, la plus éternelle ; il n'a pas.expiré et il n'a pas été le
moins du monde frappé à mort par la nouvelle philosophie allemande. Dans les
toiles d'araignée de la dialectique berli-
noise, une mouche même ne trouverait
pas la mort, et d'autant moins un Dieu. »

Écrites, ou plutôt dictées par Henri
Heine sur ce lit de douleur qu'il devait
quitter bientôt pour s'étendre dans la bière,

ces lignes trahissent un regret véritable.

On peut dire qu'elles servent de conclusion définitive à ses œuvres.

Nous y trouvons le dernier mot de ses doctrines.

C'est le cri suprême d'une âme en butte à mille agitations et bouleversée par tous les orages de la philosophie incrédule.

A l'heure où le poëte formulait en faveur de l'existence de Dieu cette page éloquente, son être physique offrait déjà l'apparence d'un cadavre, et le cadavre s'est ranimé pour maudire l'athéisme, l'athéisme hideux et sombre, l'athéisme au service duquel nous avions vu Henri Heine consacrer toutes les forces de son merveilleux esprit, les traits les plus aigus

du sarcasme, la dialectique la plus amère
et la plus fougueuse.

Un pas encore, et le pauvre moribond
retrempait ses lèvres arides à la coupe
fraîche et vive de la foi.

Le charme diabolique était rompu.

Si la vie du héros de ce livre se fût
prolongée de quelques jours, nous n'au-
rions pas tardé sans douté à le voir saluer
la religion, cette loi suprême dictée à
l'homme par le ciel, et qui découle, même
philosophiquement, de la croyance en
Dieu.

Ainsi Henri Heine, quand la mort vint
le prendre, n'était plus athée.

Il répudiait sa folie monstrueuse, et,
nous le constatons avec joie, car, en dépit
de nous-même, nous ne pouvions nous

empêcher de l'aimer, le charmant poëte, le tendre et spirituel impie !

Dusseldorf est sa ville natale.

Il naquit, le 1ᵉʳ janvier 1800, dans cette capitale du duché de Berg, qui faisait alors partie de l'apanage des princes électeurs du Palatinat.

« Je suis le premier homme de mon siècle, » a-t-il écrit en riant, sans réfléchir que l'année de sa naissance appartient encore au siècle des encyclopédistes[1].

Le père de Henri, négociant juif, mourut très-jeune.

Madame Heine resta veuve avec trois

[1] Une lettre imprimée de Henri Heine, que nous avons sous les yeux, porte la date de sa naissance au 13 décembre 1799. Si cette lettre n'est point apocryphe, il en résulte qu'il se contredit lui-même.

2

enfants. Notre poëte est l'aîné de la famille.

Son frère Gustave est aujourd'hui jour-
naliste à Vienne, et l'on accorde à sa sœur
Charlotte la réputation d'une femme que
l'esprit et la beauté distinguent.

Henri avait pour oncle Salomon Heine,
opulent banquier de Hambourg, sorte de
nabab israélite, dont le fils, Charles Heine,
devint plus tard le gendre de M. Fould.

Salomon, trente fois millionnaire, mourut à l'âge de soixante-seize ans.

Il ne laissa tomber, à aucune époque,
entre les mains de son neveu, la moindre
bribe de sa fortune colossale; jamais il ne
lui pardonna de s'être fait poëte.

— Si ce garçon-là, disait-il, avait voulu
apprendre quelque chose, il n'aurait pas

cu besoin de faire des livres, la dernière
des occupations d'un homme raisonnable.

Cet axiome judaïque, lancé comme une
pierre au front de l'intelligence, retombe
de tout son poids sur la race absurde et
brutale des adorateurs du veau d'or, qui
se perpétue depuis Moïse jusqu'à nos bour-
sicotiers actuels.

La mère de Henri Heine était fille du
fameux docteur Gottschalk de Geldern.

On trouvait en elle une femme au caractère rigide et presque puritain; mais
elle avait en même temps une âme dé-
vouée et pleine de tendresse.

Elle adorait son fils Henri.

De son côté, le poëte conserva toujours
pour sa mère le culte le plus touchant. Il
lui a consacré bien des pages de son œu-

vre, principalement ces magnifiques stro-
phes de *Germania*, qui commencent ainsi :

« De Harbourg, je fus dans une heure à
Hambourg. C'était le soir. Les étoiles me
saluaient ; l'air était frais et doux.

« Et, lorsque j'arrivai près de madame
ma mère, sa joie fut presque de l'effroi :
« Mon cher enfant! » s'écria-t-elle en frap-
pant ses deux mains, » etc.

Cette pièce, que nous regrettons de ne
pas citer tout entière, est un chef-d'œuvre
de sentiment et d'esprit.

Nous trouvons, dans un livre d'Alfred
Meissner, une précieuse anecdote relative
à cet amour filial du poëte. Le fait est tout
récent : il date de l'an dernier.

Meissner, entrant un soir chez Henri
Heine, le trouva sur son lit, dictant une

lettre. Cette lettre était pour sa mère.

Laissons le biographe allemand raconter lui-même.

« — Elle vit donc encore, lui demandai-je, la vieille femme qui est logée près de la porte de la digue?

« — Oh! oui, dit-il, elle est vieille, malade et infirme; mais elle a toujours gardé le cœur chaleureux d'une mère.

« — Et vous lui écrivez souvent?

« — Tous les mois.

« — Combien elle doit être affligée de votre état!

« — Elle! dit Heine, elle me croit toujours en aussi bonne santé que lorsqu'elle m'a vu pour la dernière fois. Elle est vieille et ne lit pas de journaux; les quel-

ques vieux amis qui viennent la voir sont
dans le même cas. Je lui écris toujours
des lettres gaies autant que possible; je lui
parle de ma femme; je lui raconte combien je suis heureux. Pour qu'elle ne s'é-
tonne pas de me voir seulement signer
mes lettres, je lui dis que je souffre d'une
maladie des yeux qui m'oblige à les ménager beaucoup. De cette sorte, elle est
heureuse. Une mère, d'ailleurs, pourrait-
elle jamais croire que son fils est aussi
misérable que je le suis[1]? »

La maison où notre poëte reçut le jour

___

[1] *Souvenirs sur Henri Heine*, par Alfred Meissner
(traduction de Ch. de Lorbac). Alfred Meissner, auteur
de la *Femme d'Uria*, est un des plus beaux génies de
l'Allemagne moderne. Henri Heine a dit de lui: « C'est
une âme passionnée, et je suis convaincu qu'il saura,
un jour, conquérir la popularité de Frédéric Schiller,
dont il est l'héritier présomptif. »

existe encore à Dusseldorf; elle est située
dans la rue de Bolker. Avec la naïveté
d'orgueil qui le caractérise, Henri Heine
s'écrie dans le *Tambour Legrand* :

« Cette maison sera, un jour, très-re-
marquable, et j'ai fait dire à la vieille
femme qui la possède qu'elle ne la vende
pour rien au monde. Elle n'obtiendrait pas
aujourd'hui, pour toute sa maison, les
profits que feront les servantes seulement
avec les nobles anglaises, voilées de vert,
qui viendront admirer la chambre où je
vis pour la première fois la lumière, et le
poulailler où mon père m'enfermait lorsque j'avais volé des raisins, et la porte
brune sur laquelle ma mère m'apprenait à
écrire les lettres avec de la craie. Ah!
mon Dieu, madame, si je suis devenu un

grand écrivain, il en a coûté assez de peine
à ma pauvre mère ! »

Henri, dès l'âge de sept ans, fut envoyé
à l'école du cloître des Franciscains, où il
usa, dit-il, un nombre de culottes prodi-
gieux.

Son plus cher camarade de classe était
ce pauvre Wilhem, qui se noya dans la
Düssel en allant y chercher un petit chat
tombé du haut d'un pont.

« Le petit chat vécut encore bien longtemps ! » soupire le poëte, après avoir
donné une larme à son ami d'enfance.

Henri sut bientôt lire, et le premier livre qui lui tomba sous la main fut : *La
vie et les actions de l'ingénieux hidalgo
DON QUIXOTTE DE LA MANCHA, écrites par
Miguel de Cervantès Saavedra.*

Il se passionna vivement pour cette épo-
pée de chevalerie burlesque.

Levé chaque jour avant l'aurore, il s'é-
chappait de la maison paternelle et courait
se cacher sous les ombrages du jardin du-
cal, pour y dévorer tout à l'aise les sur-
prenantes aventures de l'héroïque amant
de Dulcinée.

Notre jeune lecteur choisissait de préférence l'allée solitaire qu'on appelait *Allée des Soupirs*.

Assis auprès d'un jet d'eau, sur un vieux
banc garni de mousse, il passait là cinq ou
six heures de suite à dévorer les chapitres
de Cervantès, recommençant l'ouvrage
quand il avait fini le dernier volume, et y
trouvant un nouveau charme.

Dans sa candeur enfantine, Henri prenait tout au sérieux.

« Je répandais les larmes les plus amères, dit-il, quand le noble don Quixotte ne recueillait que de l'ingratitude et des horions pour sa grandeur d'âme. J'étais un enfant, et je ne connaissais pas l'ironie que Dieu a créée dans son œuvre et que le grand poëte a imitée dans le sien. »

Quand notre héros sut lire et écrire, on l'envoya sur les bancs de l'école secondaire.

Les colléges, sous le règne de la conquête française, prenaient, en Allemagne comme chez nous, le nom de lycée.

Nécessairement il apprit là beaucoup de choses qui ne devaient lui servir par la suite que d'une façon médiocre : l'histoire

de Rome et d'Athènes, par exemple; les
dates chronologiques; le latin; cette langue
morte si niaisement ensevelie dans les ru-
diments universitaires; les verbes irrégu-
liers, qui se distinguaient pour lui des ré-
guliers en ce qu'ils lui attiraient sur les
doigts beaucoup plus de coups de férule;
le grec, qu'il appelait, avec les moines du
moyen âge, une invention du diable; et
enfin l'hébreu, dont son origine israélite
rendait l'étude extrêmement urgente.

Le recteur Schallmeyer, un bon vieux
prêtre catholique, s'intéressait beaucoup
au jeune élève.

Il entretenait avec la famille Heine des
relations amicales, en mémoire d'un des
oncles de Henri, qui avait été, quarante-

deux ans auparavant, son Pylade à l'université de Bonn.

L'abbé Schallmeyer enseigna beaucoup de littérature allemande au jeune
homme, avec un peu de philosophie.

Heine reçut en outre les leçons du professeur Schramm, auteur d'un ouvrage
sur la *Paix éternelle*.

Par une originalité d'antithèse assez
curieuse, la classe de ce professeur n'était
que disputes sans fin, querelles intermi-
nables, luttes, coups, batailles, plaies et
bosses.

Il ne put donner à Henri que des no-
tions géographiques très-incertaines, à
une époque où le génie de l'Empire bou-
leversait continuellement les frontières.

Mais notre étudiant fit des progrès véritables dans la classe de français de l'abbé d'Aulnoy, émigré parisien, auteur d'une foule de grammaires, et coiffé d'une perruque rouge.

Ce brave homme était tout feu dans son enseignement.

Il se démenait comme un franc démoniaque pour expliquer l'*Art poétique* ou analyser l'*Histoire allemande*.

Henri approchait de sa seizième année.

Le cycle des études universitaires se trouvait révolu pour lui. On pensa très-sérieusement à son avenir; et le recteur Schallmeyer eut, à ce sujet, de longues et nombreuses conférences avec madame Heine.

— Croyez-moi, lui disait-il, ne laissons pas ce cher enfant dans le culte juif, et

destinons-le à l'Église. Il faut l'envoyer
étudier la théologie catholique dans un
séminaire de Rome.

Parmi les prélats romains de la plus
haute volée, M. Schallmeyer comptait
beaucoup d'amis.

Il promettait au jeune homme une belle
position dans la carrière ecclésiastique,
lui montrant en perspective la soutane
violette et même le chapeau de cardinal.

Madame Heine, au nom de son fils, dé-
clina ces propositions.

Bien que née dans le catholicisme, elle
n'en observait les maximes qu'avec une
grande tiédeur, et cultivait de préférence
les idées égalitaires de Rousseau, ce qui
ne l'empêchait pas de rêver pour Henri

les dignités mondaines les plus hautes et
les plus éclatantes.

Elle ne pouvait songer à voir son enfant endosser la robe crasseuse dont s'af-
fublent les prêtres d'Allemagne, braves
gens qui cherchent à plaire à Dieu, et pas
du tout aux hommes.

Avant de suivre notre héros sur la mer
orageuse où il va lancer sa barque, en
jetant un défi au ciel et aux tempêtes,
arrêtons-nous quelques instants encore sur
ses jeunes années, si calmes et si pures.

Le premier amour de Henri Heine,
amour enfantin, passion chaste comme la
pensée des anges, fut cette petite Véronique dont le nom revient à plus d'une
page des Reisebilder.

Sous la conduite d'une vieille servante,

la pieuse Ursule, qui avait si longtemps
porté Henri dans ses bras, les deux enfants allaient s'asseoir sur la place du
château, devant la grande statue de mar-
bre.

Henri se plaisait à graver sur le banc
de bois le nom de sa petite amie, et,
quand Véronique parlait, ses paroles re-
tentissaient à son oreille comme le son
d'une clochette.

Ou bien encore ils allaient se promener
dans la grande galerie ducale, si pleine
de tableaux, si curieuse à voir.

Mais, hélas! un jour, la mort faucha le
gentil bouton de rose!

Ursule conduisit Henri dans la chambre
de la chère petite défunte.

Comme elle était jolie dans son blanc

linceul ! Les cierges funèbres brûlaient
autour d'elle, éclairant son visage pâle,
qui semblait sourire. Des fleurs jonchaient
la table sur laquelle était posé le corps de
Véronique.

— Ma bonne Ursule, dit l'enfant, n'est-ce
pas une image de sainte en cire ?

Puis, reconnaissant la figure de sa douce
compagne d'enfance, il ajouta :

— Comme elle est sage ! Elle est donc
endormie ?

— Non, dit Ursule, c'est la mort qui
fait cela.

La mort ! Pour la première fois, au milieu de ses jeux et de ses rires, l'enfant
voyait passer le noir fantôme. A dater de
ce jour, il se promena seul et triste dans

la galerie ducale, et les tableaux ne char-
maient plus ses regards ; ils lui semblaient
tout décolorés.

Une autre impression d'enfance ne s'ef-
faça jamais de l'esprit du poëte et lui
inspira le *Tambour Legrand,* cette œuvre
dictée par une muse aussi sensible qu'originale. Ce fut l'arrivée des Français à Dusseldorf.

Dans les rues de la ville, où règne une
sourde stupéfaction, résonne tout à coup le
bruit du tambour.

Henri sort de la maison de sa mère et
s'assied devant la porte pour voir « la
marche des troupes françaises, ce joyeux
peuple de la gloire qui traversa le monde
en chantant et en faisant sonner sa musique ; les visages graves et sereins des

grenadiers, les bonnets d'ours, les cocar-
des tricolores, les baïonnettes étincelan-
tes, les voltigeurs pleins de jovialité, et le
grand et immense tambour major, tout
brodé d'argent, qui savait lancer sa canne
à pomme dorée jusqu'au premier étage,
et ses regards jusqu'au second aux jeunes
filles qui regardaient par les croisées. »

Ce tambour major était M. Legrand, le
héros du futur poëme. Il vint demeurer
chez le père de Henri par billet de logement.

Notre héros ne tarda pas à faire ample
connaissance avec ce gigantesque personnage. Celui-ci avait quelque teinture de la
langue allemande. Narrant et tambourinant tout à la fois, il lui raconta les faits
héroïques du grand empereur, Austerlitz,

Rivoli, Marengo, Saint-Jean d'Acre, les
Pyramides, Lodi, Wagram, Iéna.

Henri prenait en affection ses terribles
moustaches et ses yeux pleins de flamme.
Il lui astiquait avec patience les boutons
de son uniforme et lui blanchissait à la
craie ses buffleteries.

Partout l'enfant accompagnait son ami
le tambour major, à l'appel, au corps de
garde, à la parade. Il ne le quittait plus.

Ceci décida de ses convictions politiques
à venir.

M. Legrand lui avait inoculé la fièvre
du bonapartisme, et voilà pourquoi, plus
tard, Henri ne se laissa pas séduire par
l'espérance d'être un *abbate* en petit man-
teau noir ou un *monsignore* romain.

Il partit, à l'âge de dix-sept ans, pour

l'Université de Bonn, où il commença ses
études de droit, pour les achever ensuite
à Berlin et à Gœttingue.

Le 20 juillet 1825, il fut reçu docteur.

A Berlin, l'élève bonapartiste du tambour Legrand proteste contre les doctrines
antilibérales du professeur Schmalz. Il
pousse l'irrévérence, au cours de ce dernier sur le *droit des nations*, jusqu'à
étouffer sa voix, en tambourinant contre
les vitres de la classe.

Henri, pour ce méfait, pense être ex-
pulsé de l'Université.

Mais il est incorrigible.

Peu de temps après, à Gœttingue, il se
permet de nouveau de battre la charge sur
les vitres au cours du professeur Saalfeld,
qui osait attaquer la gloire de l'empereur.

Napoléon par des phrases injurieuses.
Gœttingue offrait peu d'attraits au jeune
homme.

Il nous apprend lui-même que la ville
est fort belle, surtout quand on la regarde
par le dos.

Si nous l'en croyons, les habitants se
divisent en quatre classes, aux lignes de
démarcation peu tranchées : étudiants,
professeurs, philistins et bétail.

Quand aux dames, elles y ont de fort
grands pieds.

Le savant Eichorn, si l'on en croit toujours Henri, fait le plus bel ornement de
cette noble cité germanique, pourvue de
dissertations creuses, de carrosses de pro-
motion, de têtes de pipe, de conseillers
auliques, de conseillers de justice, de con-

seillers de légation et de farceurs *ejusdem farinæ*.

Enfin arrive le jour où notre héros dit adieu à Justinien, à Hermogène et à cet excellent M. de Savigny.

Nous le voyons partir pour le pèlerinage de Broken.

Il raconte ce pélerinage avec beaucoup de grâce dans la première partie des *Reisebilder*.

Or il était déjà poëte. Ses débuts lyriques datent de 1816, époque où il se trouvait encore au gymnase de Dusseldorf. Ils ont pour titre : *Songe fatal*, — les *Compliments*, — la *Noce*, — le *Cimetière*.

Ces quatre pièces appartiennent à une période de folles visions, qui s'évanouirent bientôt pour faire place à une manière plus certaine et plus ferme.

Les *Deux Grenadiers* comptent également parmi les œuvres de jeunesse de Henri Heine.

Rien de plus remarquable, comme éloquence et comme courage, que cette protestation d'un enfant au milieu des fureurs teutomanes.

La pièce fut imprimée, en 1822, à Berlin, dans un premier recueil de poésies, qui a pour titre les *Nocturnes*.

Vers 1825 parurent les *Reisebilder*, et en 1827 les *Lieders*.

Aussitôt toute l'Allemagne en chœur salua Henri Heine comme un grand écrivain et comme un grand poète.

Ses vers étaient dans toutes les mémoi-
res et dans toutes les bouches.

Il nous est difficile, à nous autres Français, d'avoir par les traductions une idée
exacte de cette beauté musicale accom-
plie, de cette science de rhythme, de ce
laisser aller apparent sous le contour le
plus net et le plus précis, que les compatriotes de notre héros admirent dans ses
œuvres lyriques ; mais ce que nous admi-
rons aussi bien qu'eux, c'est le charme
de ce contraste perpétuel de tendresse et
de sombre amertume, fondues dans les
nuances les plus délicates du style.

On se sent pris de vertige en face des
abîmes de désespoir où glisse le pied du
poëte.

Vous êtes sur le point de rouler avec lui

dans le gouffre, quand soudain il le re-
ferme d'un coup de sa baguette magique,
et vous tombez mollement sur l'herbe
verte, sur les fleurs diaprées.

Henri Heine eut la chance heureuse
d'être traduit ou aidé dans les traductions qu'il fit lui-même par des écrivai.is
de beaucoup de mérite, Loëve-Veimar
d'abord, puis Gérard de Nerval.

Sa prose allemande avait, du reste, entièrement dépouillé le pédantisme et la
longueur soporifique des périodes, deux
graves défauts dont le style de ses compatriotes ne se préserve guère.

Elle s'était faite à plaisir vive, coquette,
pimpante et, pour tout dire, française.

On reproche à cette prose, il est vrai,
de trop employer le fard ; mais c'est par

bravade et pour dépiter les vieux acadé-
miciens, à l'imitation d'une jeune fille de
quinze ans qui s'amuse et pose des mou-
ches, en carnaval, sur la fleur de pêche de
ses joues.

Grâce à son incontestable valeur
comme écrivain, Henri Heine fut très-
vite accepté par la France comme un de
ses enfants.

Toutefois, — chose pénible à dire, —
peut-être a-t-il dû chez nous ses lettres de
grande naturalisation moins aux qualités
qu'aux défauts de son esprit.

L'audace de son impiété fit fortune.

« C'est un émule de Voltaire ! » s'écria
la stupide cohorte des bourgeois irréli-
gieux, faisant chorus avec tous les ba-

dauds du demi-savoir qui regardent le pa-
triarche de Ferney comme un dieu.

Toujours on trouve là, pour applaudir,
cette bande niaise, hypocrite et gourmée.

Henri Heine, par son étrange puissance
d'ironie, passa pour un fils du dix-hui-
tième siècle. L'ironie est son arme de pré-
dilection. Entre ses mains elle s'agite,
vole, scintille et frappe avec une rapidité
si grande, que les coups pleuvent sans
qu'il soit possible de voir de quel côté ils
viennent et sans qu'on songe même à se
garantir.

Parfois sa phrase monte jusqu'aux nues
et se prend à éclater à la face du ciel avec
une violence diabolique de blasphème,
répandant au loin sa matière sulfureuse,
comme une bombe de Ruggieri.

- Vous croyez peut-être que les œuvres
du poëte sont rigoureusement proscrites
dans la plupart des États de l'Allemagne,
sur cette terre prévoyante où la douane
intellectuelle prend si vite l'alarme?

Il n'en est rien.

Tous ces habitants de la blonde Germa-
nie sont d'une candeur antédiluvienne :
ils ne soupçonnent même pas les dangers
de l'ironie.

Se bornant à croire à la gravité des
choses quand elles sont gravement dites,
ils boivent ce poison subtil avec une tran-
quillité parfaite.

Ce qui provoque le rire ne peut jamais,
à leur sens, être aussi destructif que ce
qui provoque la colère.

Ils pardonnent tout à Henri Heine.

Ses phrases les plus coupables, ses mo-
quéries les plus séditieuses, passent à leurs
yeux pour de simples tours d'espiègle, pour
des boutades d'enfant gâté.

Nous entendîmes, un jour, dire à l'un
de ses compatriotes :

— Quel dommage ! s'il *voulait* être sérieux, quel grand poëte il *pourrait* devenir !

Et voilà comme tout s'explique.

Freligrath et tant d'autres sont mis à
l'index outre Rhin, tandis que les œuvres
de Henri Heine circulent en liberté.

Ses vers comme sa prose obtiennent un
passe-port, en dépit des nombreuses irré-
vérences qu'ils se permettent à l'endroit
de Sa Majesté le roi de Prusse, et des sar-
casmes éternels dont ils poursuivent le roi

de Hanovre, ce vieux lord ultra-tory qui donne des lavements à ses chiens.

Le 28 juillet 1825, Henri Heine abjura la loi de Moïse et embrassa le protestantisme.

Cet acte si bizarre de son existence ne peut être révoqué en doute; bien qu'il soit impossible d'en donner une explication satisfaisante.

Qu'est-ce, en effet, qu'une abjuration? C'est un acte de foi.

Or, chez ce mordant sceptique, chez ce poëte dont la muse se drape dans la défroque voltairienne, un acte de foi nous semble la plus étrange des anomalies.

Lorsqu'on demandait à Henri Heine le motif qui l'avait déterminé à se faire protestant, il répondait :

— Que voulez-vous? Je trouvais intolérable d'avoir la même religion que Rothschild sans être riche comme lui. Pour le devenir, il eût fallu que je fusse aussi pauvre d'intelligence, et cela n'était pas possible.

Il se tirait ainsi d'affaire par un bon mot.

Ce poëte du scepticisme s'est raillé perpétuellement de tous les dieux et de Dieu. Jamais aucune idée, aucun sentiment, aucune croyance, n'ont pu stimuler son enthousiasme. Il s'est moqué de l'art, de la patrie, de la nature, de l'amitié, de l'amour, et de lui-même.

Son caprice d'artiste, sa *subjectivité fantasque*, comme on dit en Allemagne, n'ont rien épargné.

Parfois néanmoins son ricanement

s'arrête. Il s'attendrit, pleure et vous ar-
rache des larmes; puis tout à coup, à la
strophe suivante, il part d'un éclat de rire
et se gausse de vous qu'il a pris pour
dupe.

Était-ce une sensibilité feinte? Il le dé-
clare lui-même avec une cynique audace.

Mais ne le croyez pas. On n'imite jamais de cette façon les plus belles facultés
de l'âme et du cœur. Il se moque de ses
propres émotions, parce que le dualisme
inexplicable de sa nature reprend le des-
sus. Il est sincère dans le sarcasme comme
il est sincère dans les pleurs.

C'est un écrivain plus insaisissable que
Protée.

De 1825 à 1830, Henri Heine prit alternativement sa résidence à Naubourg, à Munich et à Berlin.

Les hommes les plus illustres de l'Allemagne comptèrent au nombre de ses amis. Nous citerons le prince de Puckler-Muskau, Ludivig, Hegel, Bœrne, le grand patriote, avec lequel Henri devait se brouiller mortellement plus tard; Ferdinand Freligrath, Charles Immermann, Christian Grabbé, Frédéric Hebel et le comte d'Auersberg, ce poëte lyrique millionnaire connu sous le nom d'Anastasius Grün.

Mais les ennemis qu'il s'attirait par sa verve impitoyablement railleuse étaient en aussi grand nombre.

Le poëte Herweg ne lui pardonna jamais, non plus que le professeur Massmann, de Berlin, « qui dédaigne le savon, ce luxe de la parfumerie moderne. »

Il eut pour détracteurs impitoyables Gustave Pfizer, dont les poésies sont un excellent soporifique ; Ramner, le barbouilleur ; Cornélius, le peintre ; Franz Horn, le piétiste berlinois ; Jahn, qu'il appelle « le grossier mendiant père Jahn, » et madame Pirch Pfeifer.

N'oublions pas Franz Litz et Meyerbeer, deux musiciens qu'il envoie très-irrévérencieusement au sabbat.

Notre héros se préoccupait fort peu de toutes ces haines amoncelées sur sa tête.

Hambourg abritait pour le moment ses pénates vagabonds, et il ne songeait qu'à plaire aux jolies filles, dont il faisait la rencontre sur la *Jungfernsteeg*, promenade de Hambourg, qui consiste en une allée de tilleuls, bordée d'un côté par une rangée de maisons, et de l'autre par le grand bassin de l'Alster.

Heine se passionna surtout pour une jeune grisette, en robe d'indienne rayée de rose.

Elle se nommait Héloïsa.

C'était une gentille et frétillante créature, qui faisait tourner la tête aux gros agents de change et aux capitaines de navire.

Il la retrouva plus tard abîmée dans des orgies de marins, dans la fumée du punch, du tabac, dans le tourbillon de la danse et de la mauvaise musique des mauvais lieux.

Henri Heine, pour s'être mêlé trop activement de politique, se vit contraint, en

1828, de faire un voyage outre-Manche.

Pauvre John Bull! ce fut pour ton malheur!

Écoutez comme le grand écrivain tou-
che magistralement le portrait de ce peuple camus. La couleur est aussi vive que
la ressemblance est parfaite.

« J'ai vu, dit-il, la chose la plus éton-
nante que puisse montrer le monde à l'esprit stupéfait; je l'ai vue et ne cesse de
m'étonner encore. Toujours se dresse devant ma pensée cette forêt de briques tra-
versée par ce fleuve agité de figures hu-
maines vivantes, avec leurs mille passions
variées, avec leurs désirs frémissants d'a-
mour, de faim et de haine. Je parle de
Londres. Opulence fabuleuse et misère,
orthodoxie et incrédulité, liberté et escla-

vage, cruauté et douceur, probité et filou-
terie, tous les contrastes vus dans leurs
extrêmes les plus délirants, et, par-dessus
tout, le ciel de brouillards gris, les ma-
chines bourdonnant de toutes parts, les
chiffres, les lumières du gaz, les chemi-
nées, les journaux gigantesques, les cru-
ches de porter, les bouches serrées, » etc...

Tenez-vous à savoir comme il stigmatise
Wellington? Il le cloue au pilori par une
seule phrase :

« C'est la victoire de la sottise sur le
génie. »

Après avoir souffleté leur héros, il n'est
pas d'humeur à ménager leur poëte :

« O Walter Scott! s'écrie-t-il, l'Angle-
terre n'a fait que tuer Napoléon; toi, tu
l'as vendu! »

Henri-Heine repassa la Manche.

Sur les entrefaites, un grand coup de
tonnerre éclata dans le ciel politique, où
les diplomates myopes n'apercevaient aucun nuage. Le peuple de Paris avait chassé
Charles X. Une révolution s'était faite en
France.

Tous les rois de l'Europe tremblèrent
pour leur couronne, et, d'un bout du con-
tinent à l'autre, les polices monarchiques
firent la chasse aux patriotes.

Heine s'était lié, peu de temps auparavant, avec un vieux conseiller de justice
de Berlin, sorti de la prison d'État de
Spindlau.

Le récit des souffrances du vieillard lui
donnait le frisson, car sa conduite person-
nelle était pour le moins aussi répréhen-

sible aux yeux du pouvoir. On allait peut-
être lui donner des chaînes et le plonger à
son tour dans un cachot politique.

Il résolut de passer en France, où l'aigle
de Prusse n'irait pas le chercher.

Notre poëte rencontra dans une table
d'hôte un commis voyageur en vins, qui
hâta l'exécution de son projet de départ, en
lui racontant que Paris, depuis les Trois
Jours, se métamorphosait en un vrai pays
de Cocagne, où l'on se gobergeait du matin au soir et du soir au matin.

— Vous verrez, lui dit-il, on y chante la
Marseillaise à tue-tête : « En avant, mar-
chons ! » ou bien encore : « C'est la Fayette
en cheveux blancs ! »

Quel agréable concert pour un patriote !
Le premier mai 1831, Henri Heine passe

le Rhin, gagne la frontière, et s'intitule
avec orgueil Prussien libéré.

Deux jours après, il arrive dans la capitale et se promène au milieu des enchan-
tements révolutionnaires.

A cette époque, il n'était pas encore
habile à parler notre langue. Son professeur fut une petite fleuriste du passage des
Panoramas. Ensemble ils coururent les
théâtres, et le poëte la choisit en tout pour
cicérone.

Que de choses divertissantes ne virent-
ils pas!

Déjazet, mademoiselle Georges, Arnal,
Bouffé, Debureau, la marmite colossale au
palais des Invalides, l'exposition des cada-
vres à la Morgue... et à l'Académie française!

« L'Académie, dit-il, est une crèche pour
de vieux littérateurs retombés en enfance,
établissement philanthropique dont l'idée
se trouve aussi chez les Hindous, qui fon-
dent des hôpitaux pour les singes âgés et
décrépits. »

Un autre jour, il visite la Chambre des
pairs....

« Cette nécropole où se trouve une collection complète de toutes les momies du
parjure, si bien embaumées, qu'on voit
encore sur leurs figures tous les faux ser-
ments qu'elles ont prêtés à toutes les dy-
nasties des Pharaons de France. »

S'il raille nos institutions, il ne parle pas
des hommes avec plus de retenue.

Au dire de ce malin poëte, madame Ré-
camier est « une beauté célèbre du temps

des Mérovingiens, ultra-vestale, qui traîne
partout à sa suite, comme pièce justifica-
tive; ce bon et excellent Ballanche, que
tout le monde loue, et que personne ne
lit. »

Henri Heine regrette de n'avoir pas vu
Châteaubriand, parce que ce personnage,
à coup sûr, l'eût beaucoup amusé.

M. Villemain, à l'entendre, « est un
rhéteur ignare, un frivole bel esprit, qui
s'est un peu frotté à la poussière des Pères
de l'Église pour se donner une certaine
odeur d'érudit religieux, mais qui n'en
sent pas moins, à dix pas de distance, son
voltairianisme renié. »

Il poussé le manque de respect jusqu'à
dire que l'auteur de l'*Histoire de Crom-*

well ne se lave les mains qu'une fois l'an, le mardi gras, pour se déguiser.

Puis il assiste aux prêches des saint-si-moniens, rue Tailbout.

Le premier, peut-être, il turlupina comme ils le méritaient ces grotesques apôtres qui voulaient ramener l'âge d'or sur la terre, et qui se sont contentés d'y propager l'âge *d'argent;* ces faux martyrs qui ne portent plus de croix, si ce n'est la croix de la Légion d'honneur; ces disciples de l'émancipation quand même, aujourd'hui métamorphosés en conseillers d'État, en ministres ou en directeurs de chemins de fer.

Son indépendance lui dicte parfois des jugements admirables. Voici comme il a parlé de Lamennais avant nous :

« Lamennais, ce prêtre effroyable, qui
marie le fanatisme politique au fanatisme
religieux, et qui donne la dernière consécration au désordre universel. »

Notre héros visite le Panthéon.

De là, comme la distance n'est pas lon-
gue, il se dirige vers la Grande-Chau-
mière, où les Catons en droit et les Brutus
en médecine se livrent aux improvisations
mimiques du cancan le plus échevelé avec
des Sempronia giletières et des Porcia pi-
queuses de bottines.

Le père la Hire, directeur de l'établissement, lui rappelle avec avantage le père
Duchêne, parce qu'il est toujours *bigre-
ment* en colère.

Ce séjour des liaisons faciles et des

mœurs risquées ne déplaît point, du
reste, à notre héros.

Nous le voyons y nouer connaissance
avec une jeune personne peu virginale,
mademoiselle Joséphine ou *Fifine*. Elle
adore les Allemands et les pieds de
mouton.

Bien plus, on le présente à un personnage illustre de l'endroit, « *lé diou* de la
danse de céans, » comme dirait Vestris.

Parlez-nous des poëtes !

Ils savent merveilleusement se prêter
à tout, même aux révérences de Chicard.

Malgré le décousu presque scandaleux
de sa conduite, Henri ne laissa pas repo-
ser sa plume. Bientôt les faiseurs du journalisme accoururent et rendirent hommage
à son magnifique talent. Victor Bohain,

fondateur de l'*Europe littéraire*, lui demanda pour cette revue des articles sur l'Allemagne.

Très-souvent il invitait le poëte à sa table, et prenait soin d'arroser son esprit de libations copieuses.

C'était un amphitryon merveilleux que Victor Bohain.

« Et voilà pourquoi, sans doute, nous dit Henri Heine, il compta cent mille francs de frais de représentation aux actionnaires de son journal. »

Rarement on vit cerveau plus industriel et plus ingénieux, quand il s'agissait de plumer le pigeon de la finance.

Girardin l'égala peut-être, mais ne le dépassa jamais.

Dans chaque affaire nouvelle dont Victor jetait le plan, toujours il y avait un million à gagner, quelquefois plus, jamais moins. Aussi le surnommait-on *Messer Millione.*

Après le désastre de l'*Europe littéraire*, l'illustre Buloz, éternellement à la piste des plumes en chômage, hérita, pour sa revue, de la collaboration de Henri Heine. Il publia par fragments le livre *De l'Allemagne*, auquel l'auteur a donné à dessein le même titre que celui de l'ouvrage de madame de Staël.

Dans cette œuvre, Heine révéla le premier aux Français que la philosophie allemande ne prêche ni la piété ni la crainte de Dieu, et que son dernier mot, dit par Feuerbach, est l'athéisme.

Ces révélations excitèrent le plus vif étonnement.

Jusqu'alors on n'avait vu que du mysticisme dans le brouillard des doctrines philosophiques d'outre-Rhin; mais comment garder cette erreur lorsqu'un poëte comme le nôtre s'écriait :

« Je n'avais jamais voulu croire que Dieu était devenu homme, et j'en crus Hegel sur parole, quand je lui entendis dire que l'HOMME ÉTAIT DIEU. »

Henri soumettait un jour au philosophe quelques considérations en faveur de l'immortalité de l'âme.

— Demandez-vous un pourboire, lui répondit froidement Hegel, avec la satanique puissance de paradoxe qui le distingue, pour avoir soigné madame votre

mère ou n'avoir pas empoisonné votre
frère?

Henri Heine applaudit à ces doctrines
désolantes jusqu'au jour où il les vit des-
cendre dans le peuple. Il acceptait l'athéisme comme une mode originale, comme
un moyen de distinction, comme l'apanage
naturel d'une aristocratie lettrée.

Tant d'autres, à son exemple, donnent
l'orgueil pour base à leurs folles convictions !

Mais, lorsqu'il entendit des tailleurs,
des savetiers, nier l'existence de Dieu, il
eut honte de frayer avec de tels compa-
gnons et recula de dégoût.

Son entrevue avec le fameux Weitling [1]

[1] Auteur du petit livre appelé les *Garanties de la
société*, catéchisme des communistes allemands.

chez le libraire Julius Campé, de Hambourg, fut peut-être la cause de sa volte-face philosophique.

Weitling était tailleur.

Il vint à la rencontre de Henri Heine, la casquette sur la tête, et lui tendit familièrement la main, comme à un collègue qui professait les mêmes principes de destruction sociale et d'athéisme.

L'amour-propre du poëte se trouva profondément humilié d'un tel compagnonnage.

Pendant l'entretien qu'ils eurent ensemble, le tailleur, assis sur un escabeau, se grattait la cheville de la jambe droite. Il la tenait élevée en l'air, de façon que son genou lui touchait au menton.

— Qu'avez donc à vous frotter ainsi?

lui demanda Heine avec un geste de ré-
pugnance.

— Oh! ce n'est rien! dit Weitling, sur
le même ton que le chien de la Fontaine :
les fers que nous avions aux pieds dans
les cachots de la confédération germanique...

De ce que vous voyez sont peut-être la cause.

Henri Heine fit comme le loup.

Il s'enfuit, et, s'il était de ce monde, à
l'heure où nous écrivons, peut-être cour-
rait-il encore.

Les fers de l'illustre tailleur lui avaient
donné tout à coup une panique singulière.
Il songea qu'il commettait une grave im-
prudence de rester dans son pays, même
en voyage de plaisir.

Depuis 1835, il était au ban de la Confédération en qualité de membre de la
Jeune Allemagne.

On le vit repasser lestement la frontière
de France.

L'indiscrétion Taschereau nous révéla,
comme chacun peut se le rappeler, que,
de 1836 à 1848, notre poëte crut pouvoir accepter sur les fonds secrets une sub-
vention de cinq cents francs par mois.

Jugez avec quelle amertume la presse
démocratique allemande lui reprocha de
s'être mis aux gages de la police de Louis-
Philippe!

Il n'en était rien pourtant.

Henri Heine eut tort d'accepter un trai-
tement occulte, une pension mystérieuse;
mais il suffit de lire la correspondance

adressée par lui à la *Gazette d'Augsbourg*[1],
pour se convaincre qu'il sut garder dans
ses appréciations sur le gouvernement
français la plus complète et la plus digne
indépendance.

Thiers, Guizot, Louis-Philippe, y sont
peints sous leur véritable jour.

Il y a toutefois dans ces lettres, presque
généralement politiques, certains jugements saugrenus, placés là comme épi-
sodes, et qui, pour l'honneur de l'écrivain, devraient en être retranchés.

On devine que nous parlons de sa dia-
tribe absurde contre Victor Hugo.

« Nous voyons en lui, dit-il, la gauche-

---

[1] Cette correspondance a paru, traduite en français. On l'a rassemblée en volume sous le titre de *Lu-
tèce.*

rie d'un parvenu ou d'un sauvage, qui se
rend ridicule en s'affublant d'oripeaux
bigarrés, en se surchargeant d'or et de
pierreries, ou en les employant mal à
propos. En un mot, tout chez lui est bar-
barie baroque, dissonance criante et hor-
rible difformité. »

Ah ! pauvre Henri Heine, où en était
ton cerveau, quand tu as écrit ces lignes
coupables ?

Évidemment, il y a là du cauchemar
ou de l'indigestion.

Mais, en revanche, notre poëte est fort
spirituel dans ses comptes rendus artis-
tiques. Le récit des rivalités de Spontini
et de Meyerbeer est d'un comique déso-
pilant.

Vous pouvez lire, en outre, dans les

Nuits florentines les portraits, qu'il trace de Bellini et de Paganini. Ces deux morceaux soutiennent le parallèle avec ses compositions lyriques les plus estimées.

Tout à l'heure nous disions qu'une haine violente avait tout à coup pris la place de l'amitié qui unissait le poëte à Ludwig Bœrne.

Un dissentiment d'opinion commença la rupture.

Ils se dirent chacun leur fait, ainsi que cela se pratique d'ordinaire entre gens de lettres. Ludwig fit un livre sur notre héros, et celui-ci publia contre Ludwig un pamphlet dont chaque ligne était une blessure.

Dans ce combat coulèrent, non des flots de sang, mais des flots d'encre, ce qui parfois est pire.

M. S***, outragé comme époux par certaines révélations du poëte, lui envoya son cartel. Aucun arrangement n'était possible; Henri, après avoir essuyé le feu de son ennemi, tira en l'air, et M. S*** lui tendit la main, déclarant son honneur entièrement satisfait.

Ce duel eut pour résultat le mariage de l'auteur des *Reisebilder* avec une charmante et sensible personne qui, depuis longtemps, vivait avec lui sur le pied complet de femme légitime.

Il voulait, en cas de mort, lui laisser au moins l'héritage de ses œuvres, et il l'épousa le matin même du jour où il devait se battre [1].

[1] Les pourparlers entre les témoins durèrent juste assez longtemps pour laisser aux publications légales le temps de s'accomplir.

Mathilde avait été fort jolie.

L'embonpoint commençait à envahir ses charmes; néanmoins il lui restait une bouche mignonne et de vives œillades. A côté d'un excellent cœur, elle montrait un caractère très-léger.

Ses prétentions n'allaient pas jusqu'à trancher de la femme savante. Jamais elle ne lut une page des œuvres de son mari.

Le bruit courut alors que Henri Heine avait embrassé le catholicisme. On désigna même l'église où s'était passé l'acte d'abjuration. Des témoins affirmaient avoir vu le poëte à Saint-Sulpice.

Rien n'était plus vrai.

Seulement il ne franchit le seuil du temple que pour donner à son mariage civil la consécration religieuse.

Ainsi l'exigea Mathilde, issue d'une famille catholique très-orthodoxe.

L'archevêque de Paris n'accorda les dis-
penses qu'à la condition expresse que le
futur époux s'engagerait à faire élever ses
enfants dans la religion de leur mère.

Henri Heine souscrivit cette obligation
de bonne grâce, et il s'y fût pleinement
conformé, s'il y avait eu lieu.

« Mais, soit dit entre nous, écrit-il,
comme je ne me connaissais pas une vo-
cation trop décidée pour la paternité, lorsque je déposai ma plume après la signa-
ture du contrat, j'entendis ricaner dans
ma mémoire les paroles de la belle Ninon :

« Ah ! le bon billet qu'a la Châtre ! »

Les rancunes politiques étaient un peu
calmées à cette époque. Il fit en Allemagne

quelques excursions passagères, et les raconta d'une façon tout à la fois poétique
et grotesque dans ce livre plein de cy-
nisme intitulé GERMANIA, *conte d'hiver*.

Ce fut alors qu'il fut victime d'un acci-
dent terrible.

Frappé d'une attaque d'apoplexie à la
suite d'une querelle de famille, on le sauva
difficilement, et presque aussitôt il sentit
les premières atteintes de cette cruelle maladie de la moelle épinière à laquelle il
devait succomber plus tard.

Les désordres qui se produisirent dans
son organisation ne prirent pas tout d'a-
bord un caractère bien alarmant.

Son médecin pensa qu'un voyage aux
eaux de Cauterets pourrait vaincre la pa-

ralysie légère, qui avait été le résultat de la congestion cérébrale.

Donc le malade partit pour les Pyrénées.

Il y écrivit *Atta Troll*, et revint beaucoup plus souffrant qu'avant son départ.

Quelle affligeante métamorphose, hélas! dans toute sa personne!

Henri avait été aussi beau qu'aimable. Sa figure était rose et pleine comme celle d'un dieu de l'Olympe. Une masse de cheveux blonds ombrageait son front large, et ces dames lui trouvaient une expression charmante dans le regard et dans le sourire. Il enchaînait victorieusement les cœurs.

C'était bien le poëte de l'amour.

Aujourd'hui, dans le ciel du platonisme;

demain, s'égarant jusqu'au sabbat té-
nébreux des sorcières; il chantait, tantôt
avec la pureté des anges, tantôt avec la
lasciveté des faunes.

Mais ce temps d'amour et de chansons
ne devait plus reparaître.

En revenant des Pyrénées, le poëte n'a-
vait plus rien de son visage fleuri d'autre-
fois. Il était pâle et maigre à faire peur. On
eût cru voir le masque de Géricault. Sa
physionomie décharnée se terminait par
une barbe pointue et fauve, semée déjà de
nombreux fils d'argent.

Lorsqu'il se présenta chez Gautier, son
ancien camarade d'orgies, ce dernier ne
voulut pas le reconnaître.

« Je cherchai dans mes souvenirs, dit
l'auteur de *Mademoiselle de Maupin*,

quel pouvait être cet hôte matinal qui me
saluait de mon petit nom et me tendait la
main avec la franche cordialité d'un vieil
ami. Je ne parvins pas à mettre un nom
sur cette figure ainsi changée.

« Mais, au bout de quelques minutes de
conversation, à un trait d'esprit de l'inconnu, je m'écriai :

« — C'est le diable, ou c'est Heine! »

Le malheureux poëte avait déjà complé-
tement perdu l'œil droit. Néanmoins il
marchait encore sans trop de difficulté.
Tous les jours, il se rendait de son domi-
cile, situé rue Poissonnière, à un cercle du
Palais-Royal.

Son logement n'avait pas ce qu'on est
convenu d'appeler le cachet artistique.
Tout, dans son intérieur, était bour-

geois. On n'y voyait aucun encombrement
de bric-à-brac. Des meubles en acajou
composaient le mobilier. Point de tableaux, point de statuettes. Sur une con-
sole, des fleurs artificielles mariaient leurs
nuances dans de modestes vases de porce-
laine.

Il y avait parti pris d'éviter l'excentrique.

Au nombre des amis intimes qui lui
rendaient presque chaque jour visite, il
faut citer Alexandre Weill, Alphonse
Royer, la femme de celui-ci, et la charmante madame A***, une camarade de
pension de Mathilde, pour laquelle notre
poëte avait une tendre sympathie, et qu'il
nommait *Élise aux yeux de feu*.

En compensation, il détestait l'époux de
cette adorable personne.

Monsieur A***, qui allait bientôt devenir directeur de l'un de nos théâtres les
plus en vogue, n'était alors qu'un simple
marchand de nouveautés de la Chaussée-
d'Antin.

Personnage entièrement dépourvu d'é-
ducation et, malgré cela, rempli d'outre-
cuidance, il agaçait au delà de toute expression les nerfs délicats du poëte malade.

Au printemps, Henri Heine transpor-
tait ses dieux lares à Montmorency.

Toutes ses connaissances venaient le
trouver là par bandes joyeuses, afin de
l'égayer un peu dans ses vives et conti-
nuelles souffrances.

Notre malade connaissait tant de
monde !

En 1847, par exemple, à une époque

où le pays entier ignorait le nom de Proudhon, Henri Heine savait déjà par cœur le
fougueux socialiste.

Un jour qu'il était allé à un banquet
phalanstérien, il montra ce personnage à
son ami Alfred Meissner, et cela dans des
circonstances que celui-ci raconte avec
beaucoup trop d'intérêt pour que nous ne
lui accordions pas de nouveau la parole.

« Un homme trapu, dit-il, à la figure
pleine et sereine, au front large et bombé,
portant des lunettes bleues, se trouvait
devant nous au milieu de la foule.

« Comme frappé de son apparition, Heine
s'arrêta, et, me saisissant le bras, il me
dit à mi-voix :

« — Regardez donc celui-là !

« Le personnage aux lunettes bleues

causait avec un inconnu. Nous pûmes entendre leur conversation.

« — Est-ce que vous étiez aussi là dedans ? lui demandait ce dernier.

« — Non, répondit-il avec une grimace, je ne faisais que passer, et je me suis arrêté parce que cela ressemblait à un attroupement. Hélas ! c'est toujours la même chanson parmi tous les sectaires : « Loué soit Jésus-Christ, qui nous a délivrés du péché ! Loué soit Saint-Simon, grâce à qui nous avons compris la vie ! Loué soit Fourier, qui nous a révélé les lois sociales !... » Bêtise ! Qui criera donc enfin : « Honneur et gloire au bon sens humain que personne n'adore ? »

« L'homme aux lunettes bleues haussa les épaules et s'éloigna lentement.

« — Qui est ce monsieur ? demandai-je
à Heine, dont la figure était éclairée en
ce moment par une agitation intérieure.

« — Qui il est?... Il se nomme Proudhon parmi les hommes. A dire vrai, c'est
un démon, me répondit-il. Mon âme s'est
réjouie de le voir. La vie est si insup-
portable quand on n'y rencontre que des
gens d'affaire, des individus qui ressem-
blent à tout le monde! Ces paroles de sa
bouche m'ont fait du bien, après tant de
belles tirades, de plates tirades. Il a raison; il a parfaitement raison.

« — Mais quel est cet homme ? demandai-je de nouveau avec une curiosité crois-
sante.

« — Vous dites toujours l'homme, répliqua Heine ; mais vous avez bien entendu

que ce n'est pas un homme, malgré ses
lunettes bleues. C'est le principe destruc-
teur sous la forme d'un philosophe politique, d'un philosophe qui parle et qui
écrit comme un poëte. Victor Hugo semble lui avoir cédé la puissance de son antithèse, Alexandre Dumas sa fantaisie calme.
La gravité terrible de son œuvre, drapée
ingénieusement et avec élégance, regarde
avec une fierté d'aristocrate la bure mo-
nastique de la sécheresse allemande. Ses
ouvrages, ou, — pour parler la langue de
la police, — ses écrits incendiaires, se li-
sent comme des romans. Ils commencent
à circuler de mains en mains. On s'amuse
en les lisant, et pas un lecteur ne s'aper-
çoit que, pendant qu'il tourne les feuilles,
il tombe des dents de dragon, qui, un

jour, pousseront magnifiquement et don-
neront une récolte bienheureuse. »

Ce jugement porté, pour ainsi dire,
avant la lettre, est d'une vérité dont rien
n'approche.

Henri Heine, après la Révolution de
1848, alla demeurer à la barrière de la
Santé.

— Si je pouvais seulement y retrouver
la mienne ! disait-il avec un triste sourire.

C'était là que Gérard de Nerval, notre
excellent et doux Gérard, venait le visiter
dans sa retraite et travaillait à ses traductions pendant que le peuple stupide hur-
lait dans la rue :

« — Des lampions ! des lampions ! ! »

Le souvenir de son pauvre collaborateur inspire à notre héros, dans la préface

de *Poëmes et légendes*, des paroles bien attendrissantes.

« C'était vraiment plutôt une âme qu'un homme, je dis une âme d'ange, quelque banal qu'en soit le mot. Cette âme était essentiellement sympathique. Il était d'une candeur enfantine; il était d'une délicatesse de sensitive; il était bon, il aimait tout le monde, il ne jalousait personne; il n'a jamais égratigné une mouche; il haussait les épaules quand par hasard un roquet l'avait mordu... Pauvre enfant! tu mérites bien les larmes qui coulent sur ta tombe, et je ne peux retenir les miennes en écrivant ces lignes. »

La République supprima la pension de Henri Heine. Elle ne trouva pas en notre poëte un fervent admirateur.

Dans les derniers mois de 1849, il di-
sait à Meissner, chaud républicain, qui
l'entretenait des espérances de son parti :

— Ça ne durera pas longtemps. Un
coup d'État prochain n'est un mystère
pour personne ; mais on en parle tant,
qu'on finit par ne plus y croire. Il se fera
néanmoins. Le président suit les traditions
de son oncle, et marche à un 18 bru-
maire. J'en suis bien aise !

Voyant la surprise de son interlocuteur,
il lui prit la main :

— Patience ! vous allez me compren-
dre, poursuivit-il : Lorsque la République,
il y a près d'un an, fut proclamée, le
monde semblait croire qu'une chose qui
n'était et ne pouvait être qu'un rêve de-
viendrait une réalité. Mais j'ai le malheur

de connaître trop bien la France, grâce à
mon long séjour, et je crois voir assez clai-
rement l'avenir qui nous est réservé. La
République n'est qu'un mot, qu'une éti-
quette révolutionnaire. Cette société cor-
rompue et amollie, comment aurait-elle
pu se transformer si subitement? Son
idéal était de gagner de l'argent, d'attra-
per de bonnes places; de se promener en
voiture à quatre chevaux, d'avoir une
loge aux théâtres, de se jeter d'un plaisir
dans un autre. Où donc ces gens-là au-
raient-ils si soigneusement caché leur pro-
vision de vertus civiques? Croyez-moi,
Paris est bien napoléonien. Je veux dire
que c'est le Napoléon d'or qui règne ici.
Proudhon vous enseigne que la République est de droit divin, inviolable, immua-

ble, au-dessus des majorités et du suffrage
universel. Mais une idée abstraite ne me
séduit pas. Que serait l'amour s'il n'y
avait point de femmes, l'amitié s'il n'y
avait point d'amis? Renoncez à la République, mon cher, car il n'y a point de
républicains.

Cette même année, Henri Heine alla
loger rue d'Amsterdam. Sa maladie faisait
d'horribles progrès.

Vénus l'avait tué! Vénus, *diva mater
cupidinum*, la déesse cruelle!... cruelle
surtout quand elle s'empare du poëte, cet
être d'une sensibilité si exquise, d'une
imagination si dévorante!

Pour Henri Heine, l'amour n'était pas
une ivresse passagère, un saut brusque
dans la débauche, suivi d'un prompt re-

tour : c'était une passion immense, qui
allumait en lui un incendie vaste comme
son cœur.

Doué d'un sentiment enthousiaste pour
la beauté des femmes, il ne pouvait pas,
lorsqu'il les rencontrait dans la vie, les
saluer d'un simple rêve platonique : il em-
brassait, comme Pygmalion, la statue que
le dieu venait d'animer, et la retenait avec
frénésie dans ses bras.

Ce fut la cause de sa perte.

Il n'en convint jamais avec franchise;
mais il se trahissait parfois en exhalant
des plaintes.

Un jour, dit encore Alfred Meissner,
nous pûmes l'entendre s'écrier tristement:

— Ces femmes ! ce sont des fleurs que
ni l'ardeur du soleil ni le froid de la rosée

de la nuit ne peuvent flétrir. Mille papillons s'enivrent dans leur calice sans en
amoindrir le parfum, sans en éteindre les
couleurs. L'automne arrive, les fleurs
brillent encore; mais on ne voit plus de
papillons!

Il ne quitta désormais la chambre que
pour être conduit en voiture dans son
dernier logement, rue Matignon, aux
Champs-Élysées. Le malheureux était
presque aveugle. On lui lisait des romans
pour le distraire de ses tortures. Il n'écri-
vait plus, il dictait.

— Qu'est-ce que fait votre maître? de-
mandaient à son domestique les curieux
du quartier.

— Mon maître est *dictateur*, répondait imperturbablement celui-ci.

Et le mot, répété à Henri Heine, le faisait
éclater de rire sur sa couche douloureuse.

Un jour, Béranger vint le voir.

Madame A*** se trouvait au chevet du
malade. Ravie de faire la connaissance du
grand chansonnier, elle ne lui ménageait
pas ses plus coquettes œillades.

— En vérité, monsieur, lui disait-elle,
êtes-vous bien sûr d'avoir soixante-quinze
ans? On vous en donnerait à peine cin-
quante.

— Ah! madame, répliqua Béranger,
vous en seriez trop convaincue, si vous
vouliez me permettre de vous en donner
la preuve.

Le poète, presque mourant, se souleva
sur son lit avec effort, et s'écria :

— Taisez-vous, vénérable polisson!

Peu à peu le vide se faisait autour de lui. Ces Parisiens ont tant de choses en tête! Sa verve s'épanchait alors en exclamations pleines d'amertume.

— Vous venez me voir, dit-il un soir à Berlioz, qui entrait dans sa chambre : toujours original!

Son agonie dura cinq années entières, pendant lesquelles il produisit encore deux incomparables chefs-d'œuvre : le *Romancero* et le *Livre de Lazare.*

Dans les derniers temps, il essaya de se convertir, et se fit lire la Bible.

« C'est à ce saint livre, dit-il dans les *Novissima verba*, que je dois la résurrection de mes sentiments religieux. Chose étrange! après avoir passé tant de folles années de ma vie à courir tous les bastrin-

gues de la philosophie, après m'être livré
à toutes les cabrioles de l'esprit, après
avoir dansé et papillonné avec tous les sys-
tèmes, sans y trouver une satisfaction, pas
plus que Messaline dans une de ces nuits
de débauche d'où elle sortait fatiguée, mais
non assouvie; après toutes ces orgies de la
raison, je me trouve tout à coup, comme
par enchantement, placé côte à côte avec
l'oncle Tom, le nègre dévot, et, animé d'une
égale ferveur religieuse, je m'agenouille
avec ce bonhomme noir devant la Bible...»

Héla ! il se moquait encore au seuil du
repentir ! Voilà pourquoi, peut-être, il ne
le franchit pas, du moins sous le regard
des hommes.

Peut-être en fut-il autrement sous l'œil
de Dieu, qui sonde les reins et les cœurs.

Enfin ce noble esprit cessa de vivre et de souffrir. Henri Heine avait défendu toute pompe à ses funérailles. On respecta sa volonté dernière. Mais il n'avait pas défendu à ses amis et à ses admirateurs de lui dire au bord de la fosse un adieu suprême.

Il faisait froid : très-peu l'accompagnèrent jusqu'au champ du repos.

FIN.

Liebster Weil!

.... ich allein bin unpäßlich, sogar stark unpäßlich — lesen Sie etwas was mich betrifft, so lassen Sie es mich gleich wissen.

Bien des choses à Madame Weil de ma part et de celle de Madame Heine.

Ihr freundschaftlich ergebener

Heinrich Heine.

(Traduction)

Mon cher Weil,

.... moi seul je suis indisposé, et même fort indisposé. Si vous lisez quelque chose qui me concerne, vous me ferez savoir tout de suite. Bien des choses à Madame Weil, de ma part et de celle de Mme Heine.

Votre bien dévoué

Henri Heine

www.ingramcontent.com/pod-product-compliance
Lightning Source LLC
LaVergne TN
LVHW050635090426
835512LV00007B/859